My Song Is a Piece of Jade

Mi canción es un pedazo de jade

ACKNOWLEDGMENT

The first and most important of the scholars of Nahuatl literature was Dr. Ángel María Garibay. Since his death, his work has been carried on brilliantly by Dr. Miguel León-Portilla. He has written many profound studies about the Nahuatl world, its legends, myths, and poetry. I am especially indebted to their vast knowledge and scholarship.

Toni de Gerez

AGRADECIMIENTO

El primero y más importante investigador de la literatura náhuatl fue el gran erudito Ángel María Garibay. Desde la muerte del Dr. Garibay, su trabajo ha sido brillantemente continuado por el Dr. Miguel León-Portilla. Él ha escrito mucho sobre el mundo náhuatl, sobre sus leyendas y mitos.

En este libro quiero agradecer profundamente su gran labor y conocimientos.

Toni de Gerez

FIRST U.S. EDITION

PRINTED IN MEXICO

Library of Congress Cataloging in Publication Data

De Gerez, Toni.
　My song is a piece of jade.

　Summary: An anthology of fragments of poems originally composed in the Nahuatl language in honor of the gods of ancient Mexico.
　1. Aztec poetry — Translations into English.
　2. Aztec poetry — Translations into Spanish.
　3. Children's poetry, English — Translations from Aztec.
　4. Children's poetry, Spanish — Translations from Aztec.
　[1. Aztecs — Poetry. 2. Indians of Mexico — Poetry.
　3. English poetry. 4. Spanish poetry. 5. Spanish language materials — Bilingual] I. Stark, William, ill.
　II. Title. III. Title: Mi canción es un pedazo de jade.
　PM4068.65.E6D44 1984　　897'.4　　82-18639
　ISBN 0-316-81088-6

EDITOR: SARAH WISEMAN

DESIGNER: MARCOS KURTYCZ

Published simultaneously in Canada by Little, Brown & Company (Canada) Limited

My Song Is a Piece of Jade

Poems of Ancient Mexico
in English and Spanish

Mi canción es un pedazo de jade

Poemas del México antiguo
en inglés y español

Illustrated by
William Stark

Text adapted by
Toni de Gerez

Little, Brown and Company
Boston   Toronto

PROLOGUE

In a place called Tollan (Tula today), in the high central plain of Mexico, north of Tenochtitlán (now Mexico City), there once flourished a great Nahuatl-speaking people, the Toltecs.

At least two hundred years before Christ, it is believed, the Toltecs were recording their sacred poems. They wrote the poems in picture books, which were folded sheets of paper made from deerskin or fibers of the wild fig or the maguey plant. These native texts were transliterated in the sixteenth century by Indian elders using the Latin alphabet taught them by the Spanish missionaries. The monumental manuscripts they transcribed, known as codices, have been preserved in various libraries, mainly in Madrid, Paris, London, and Florence, even in the Vatican, and provide the key to understanding the riches of the Toltec culture.

During the Golden Age of Tula, Quetzalcóatl appeared as a historical priest-king and as a god. He was the god of learning, of agriculture, the wind god, the morning star, the feathered serpent. Perhaps most important of all, Quetzalcóatl brought corn, the sacred food, to his people.

Nahuatl poetry was part of a magical world. It formed part of ceremonies involving several nights of praying and dancing against a background of drums and flute music. Of course, it was of epic length. In the fragments chosen for this book there is a sense of wonder — of questioning and celebration. The Toltecs admired learning and art. They were proud of their culture. To be a Toltec means "to be a wise man, to be an artist," say the poems.

4

PRÓLOGO

En un lugar llamado Tollan (la Tula actual) en la altiplanicie de México, al norte de Tenochtitlán (hoy ciudad de México), floreció un gran pueblo que hablaba el náhuatl: los toltecas.

Cuando menos dos siglos antes de Cristo, según se cree, los toltecas ya escribían sus poemas sagrados, registrándolos en libros ilustrados, que eran tiras plegadas de papel fabricado con piel de venado o con fibras de higuera o de maguey. Esos textos originales fueron traducidos en el siglo dieciséis, por ancianos indígenas que utilizaron el abecedario qué les habían enseñado los misioneros españoles. Los monumentales manuscritos que transcribieron son conocidos como códices y se conservan en diversas bibliotecas, principalmente en Madrid, París, Londres, Florencia y aun en el Vaticano; contienen la clave para entender la riqueza de la cultura tolteca.

En la época de oro de Tula surgió Quetzalcóatl como rey-sacerdote, históricamente, y como dios. Era la divinidad de la sabiduría, la agricultura y los vientos; era la estrella matutina y la serpiente emplumada. Tal vez lo mas importante de Quetzalcóatl es que dió el maíz, el alimento sagrado, a su pueblo.

La poesía náhuatl pertenece a un mundo mágico. Era parte integrante de ceremonias que duraban varias noches de plegarias y danzas rituales, con fondo musical de flautas y tambores. Por supuesto, eran largos poemas épicos. Los fragmentos seleccionados para este libro contienen un sentido de lo maravilloso, con interrogantes y alabanzas. Los toltecas admiraban la educación y el arte; estaban orgullosos de su cultura. Ser tolteca significa "ser sabio," "ser artista," decían sus poemas.

What is my song?
It is a piece of jade
I can cut into it
it is my song.

Look!

I am making a necklace
with beads of jade

it is my song
it is jade.

¿Cómo es mi canción?
es un pedazo de jade
puedo cortarlo
es mi canción

¡Mira!

Estoy haciendo un collar
con cuentas de jade

Es mi canción
es de jade

Like the feathers
of the quetzal bird
my song is beautiful

Now look!

My song is bending over
               the earth

My song is born
in the house of butterflies

Mi canción es tan bella
como las plumas
del quetzal

¡Mira!

Mi canción se inclina
sobre la tierra

Mi canción ha nacido
en la casa
de las mariposas

Listen!
I am the singer
I am Lord Firefly

I wander over waterlily
                    pools
My wings are streaked with gold

I sing with the *teponaztli*,
with the drum

totoco
totoco
tico
totoco

tico
titico
tico

¡Escucha!
Yo soy el cantor
soy el señor Luciérnaga

Revoloteo sobre los estanques
de lirios
con mis alas
doradas

Canto con el *teponaztli*
con el tambor

Totoco
totoco
tico
totoco

tico
titico
tico

Oh!
My heart
You must be strong

Love the sunflower
the flower of god

Are we here on earth
for nothing?

The sunflower fades and dies
I fade and die

¡Oh!
Corazón mío
sé fuerte

Ama al girasol
la flor del dios

¿Estamos aquí en la tierra
para nada?

El girasol se marchita
yo me marchito

My song understands me
I stop
I listen
I look at the flower

The flower understands me
The flower looks at me

Oh do not fade away!
Oh do not fade away!

Mi canción me entiende
Yo me detengo
escucho
miro la flor

La flor me entiende
la flor me mira

¡Oh!

¡No te marchites!
¡No te marchites!

I am the little fish
of the swamp grass
I sigh
How I long to sing

O Most High and Great Prince of the Turtles
I beg you
I want to be like my brothers
    the locust
    the hornet
    the bee

How precious their songs are
and the song
of the green frog
sitting in the sun
Listen!
How he is singing in his house
on the lentil leaf

Soy el pescadito
de la ciénaga
Suspiro
quisiera cantar

¡Oh!
Gran Señor y Alto Príncipe de las Tortugas
yo te suplico
quisiera ser como mis hermanas
    la cigarra
    la avispa
    la abeja

qué preciosas son sus canciones
y también
el canto de la rana verde
que está tomando el sol
¡Escucha!
Cómo canta en su casa
sobre la hoja de lenteja

I am gold
I am a little golden fish
but I have no song

The turtledove has
bells of gold
in his throat

I cry out!

O God of all creatures
I want to speak
I want to sing
too

Soy el pescadito
soy de oro
pero no puedo cantar

La tórtola tiene
campanillas de oro
en su garganta

¡Lloro!

¡Oh!
dios de las criaturas
quisiera hablar
quisiera cantar

Where is the house of quetzal feathers?
Where is the house of turquoise?
Where is the house of shells?

in Tollan
in Tollan

Oh! Ay!

But our Lord Quetzalcoatl has vanished
Has he gone to *Tlillan Tlapallan?*
To the land of wisdom?
To the red and black country?

Oh! Ay!

        ¿Dónde está la casa de las plumas del quetzal?
        ¿Dónde está la casa de turquesa?
        ¿Dónde está la casa de las conchas?

        en Tollan
        en Tollan

        ¡Oh! ¡Ay!

        Pero nuestro señor Quetzalcóatl ha desaparecido
        ¿Se ha ido a *Tlillan Tlapallan*?
        ¿Al país de la sabiduría?
        ¿Al país *del Negro y del Rojo*?

        ¡Oh! ¡Ay!

They say that
in Tollan
there were birds rare and beautiful
Small birds the color of turquoise
birds with feathers
        green
        yellow
and other yellow birds
with breasts
        fire color

All sang in honor of our
Prince Quetzalcoatl

Oh! Ay!

Dicen
que en Tollan
había pájaros raros y bellos
había pajarillos color turquesa
pájaros de plumas
        verdes
        amarillas
y otros pájaros amarillos
con sus plumas
        color fuego

todos ellos cantaban
en honor de nuestro
Príncipe Quetzalcóatl

¡Oh! ¡Ay!

20

They say that
in Tollan
cotton grew
in balls of every color
    blue
    green
    red
    yellow

In Tollan
In Tollan
    Oh! Ay!
    Oh! Ay!

Our Lord Quetzalcoatl
has gone away!

Dicen
que en Tollan
crecía el algodón
de todos colores
    azul
    verde
    rojo
    amarillo

En Tollan
En Tollan
    ¡Oh! ¡Ay!
    ¡Oh! ¡Ay!

¡Nuestro señor Quetzalcóatl
se ha ido!

They say that
in Tollan
there were yellow pumpkins
as round and heavy
as drums
and gold as
the sunrise

They say
that an ear of corn
was big as the hand
of the *metlatl*

There was yellow corn
    red corn
    black corn
and one ear was all a man
could carry

Amaranth leaves
were so big
you could climb them

Dicen
que en Tollan
había calabazas amarillas
tan grandes y pesadas
como los tambores
y tan doradas como
el amanecer

Dicen
que había elotes tan grandes
como la mano más grande
del *metlatl*

    eran amarillos
      rojos
      negros
y un elote era todo lo que
un hombre podía cargar

Las hojas del amaranto
eran tan grandes
que tú te podrías trepar

The Toltecs were wise
They conversed
with their own hearts

They played their drums
They were singers
They made songs
They guarded their songs in their memories

The Toltecs were wise
They conversed
with their own hearts

Los toltecas eran muy sabios
pues conversaban
con sus propios corazones

Tocaban sus tambores
eran cantores
hacían sus canciones
y las guardaban en sus memorias

Los toltecas eran muy sabios
conversaban
con sus propios corazones

The true artist
is a *tlacuilo*
he paints with red and black

The true artist is wise
God is in his heart

El verdadero artista
es un *tlacuilo*
pinta con rojo y negro

El verdadero artista es sabio
Dios está en su corazón

He paints God in all things
he knows all colors
he makes shapes
he draws feet
he draws faces
he paints shadows

He is a Toltec
he speaks with his own heart

Él pinta a dios en las cosas
conoce todos los colores
hace figuras
dibuja pies
dibuja rostros
pinta sombras

Es un tolteca
habla con su propio corazón

The true storyteller is a
tlaquetzqui
he says things boldly
with the lips and mouth
of an artist

The true storyteller
uses words of joy
flowers are on his lips
his language is noble

The bad storyteller
is careless
he confuses words
he swallows them
he says useless words
he has no dignity

El verdadero contador-de-historias
es un *tlaquetzqui*
dice las cosas con fuerza
con los labios y la boca
del artista

El verdadero contador-de-historias
usa palabras que dan regocijo
las flores salen de sus labios
su lenguaje es noble

El mal contador-de-historias
no tiene cuidado
confunde las palabras
se las traga
usa palabras inútiles
no tiene dignidad

The true doctor
is a *tlamatini*

He is a wise man
he gives life
he understands herbs
    stones
      trees
      roots
he examines and experiments
he sets bones
he gives potions
he bleeds his patients
he cuts and sews
he stops the bleeding
with ashes

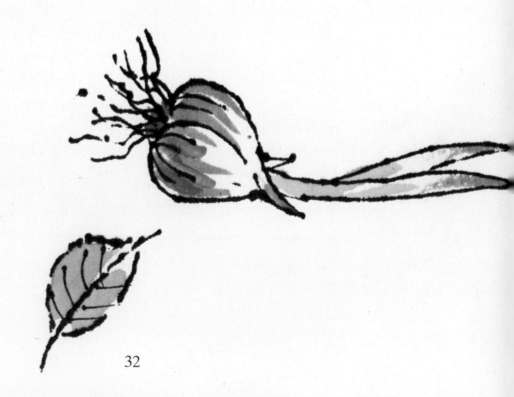

El verdadero doctor
es un *tlamatini*

Es un sabio
da vida
conoce las yerbas
    las piedras
    los árboles
    las raíces
examina y experimenta
compone huesos
da pociones
saca sangre
corta y cose
detiene la sangre
con ceniza

My Son

In a secret place
our ancestors
the old ones with wrinkled faces
and white hair
left us these words:

Look long
and wisely

Is this real?
Is this the truth?

Mi hijo

En un lugar secreto
nuestros antepasados
los ancianos de rostros arrugados
y cabellos blancos
nos dejaron estas palabras:

   observa largamente
      sabiamente

¿es esto real?
¿es esta la verdad?

Now
listen to my words
with care

Look at things
look long
and wisely

Is this real?
Is this true?

This is how you must work
and act

Ahora
escucha mis palabras
de buen talante

Observa las cosas
observa largamente
y sabiamente

¿Es esto real?
¿Es esta la verdad?

Así es como debes de trabajar
y actuar

You are a gift
you are a precious stone

    Be just
    Be strong

As the precious willow tree
As the *pochotl*

Be like the *ahuehuetl*

Be a tree that gives
a great shadow

Eres préstamo
eres joya preciosa

    sé justo
    sé fuerte

Como sauce precioso
como *pochotl*

    sé *ahuehuetl*

un árbol que da
gran sombra

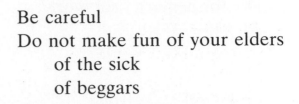

Be careful
Do not make fun of your elders
    of the sick
    of beggars

Do not insult them
Do not scorn them

Be humble rather
before the gods
    be just
    be strong

Ten cuidado
no te burles de los ancianos
    de los enfermos
    de los mendigos

No los insultes
no los desprecies

Más bien humíllate
ante los dioses
    sé justo
    sé fuerte

Do not neglect your work
Be happy instead
that you have work

Grow tall and strong
One day they will speak of you
with pride

You will cut wood
You will work the land
You will plant maguey
And you will gather its honey

You will have drink
You will have food
You will have clothing

No huyas del trabajo
más bien debes estar contento
de tenerlo

Crecerás alto y fuerte y
un día hablarán de ti
con orgullo

Tú cortarás la leña
tú trabajarás la tierra
plantarás los magueyes
sacarás el aguamiel

Tendrás de beber
tendrás de comer
tendrás con qué vestir

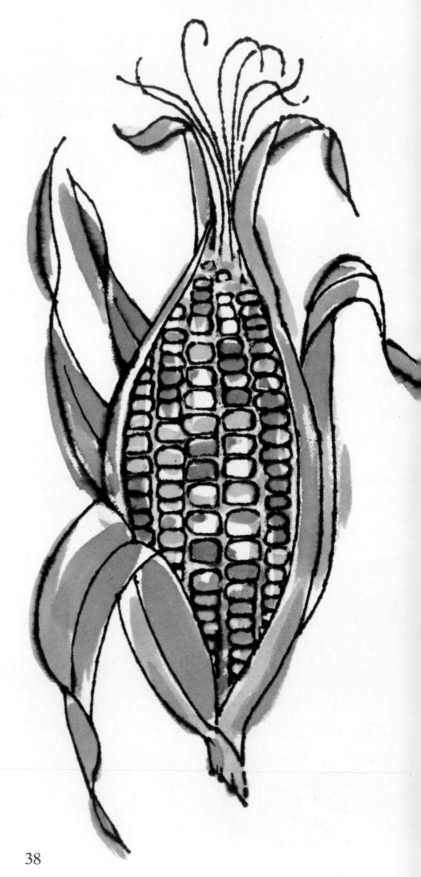

Live a clean life
Do not be dissolute
Guide yourself well until you meet
the one the gods
have destined as your wife
One day you will tie yourself
to a blouse and skirt
    And she?
What will she have to eat?
What will she have to drink?
She cannot live on air

You are her support
You are her eagle
You are her tiger

Vive limpiamente
no seas disoluto
contrólate hasta que conozcas
a la joven que los dioses
han destinado para tu esposa
pues un día amarrarás tu tilma
a una blusa y a una falda
    ¿y ella?
¿qué tendrá para comer?
¿qué tendrá para beber?
no puede vivir del aire

Tú eres su soporte
Tú eres su águila
Tú eres su tigre

My Daughter

My necklace of precious stones
    you are turquoise
    you are jade
    you are feather

You are my blood
you are my color
you are my image

    listen my child
    understand my child

You are alive
you are born
    come close to me
    listen!

Mi hija

Mi collar de piedras preciosas
    eres turquesa
    eres jade
    eres pluma

Tú eres mi sangre
tú eres mi color
tú eres mi imagen

    ¡Escucha mi niña!
    ¡entiende mi niña!

vives
has nacido
    ¡acércate a mí
    y escucha!

Here on earth
    there is heartache
    there is worry
    there is fatigue
	Aquí en la tierra
	    hay penas
	    hay problemas
	    hay fatiga

Like obsidian
A wind blows
    sharp
    cold
	Como obsidiana
	un viento sopla
	    agudo
	    frío

The sun burns us the wind burns us	el sol nos quema el viento nos quema
But should we complain? should we be afraid?	Pero ¿debemos quejarnos por eso? ¿debemos temer por eso?

Our Lord gives us
    food
    and sleep
He gives us strength
He gives us laughter
	Nuestro dios nos da
	    comida
	    sueño
	y nos da la fuerza
	y nos da la risa

My daughter
watch for the sunrise
lift up your face
lift up your arms
to the sky

Wash your hands
cleanse your mouth
take up the broom
and begin to sweep

Do not be lazy
Do not enjoy idleness
close to the fire
Help your brothers

What else will you do?

You will prepare the food
you will prepare the drink

You will learn how to spin
you will learn how to weave
you will understand what is Toltec

Study the art of feathers
and how to embroider in colors
Study the art of weaving

Ve el amanecer
levanta tu rostro
levanta tus brazos
hacia el cielo

Lava tus manos
lava tu boca
toma la escoba
y ponte a barrer

No seas perezosa
no te sientes ociosa
junto al fuego
ayuda a tus hermanos

¿Qué más debes hacer?

Prepararás la comida
prepararás la bebida

Aprenderás a hilar
aprenderás a tejer
aprenderás lo que es un tolteca

El arte de las plumas
el arte de bordar con colores
el arte de tejer

Listen to me!
Hear me!

You are noble
you are precious
you are turquoise

You have been shaped by the gods
Do not dishonor them
Do not become ordinary

Pay attention!
Be strict with yourself
you were not meant to sell
    vegetables
    firewood
    chili
    little pots of salt
    nor *tequesquite*
on the street from door to door

¡Escúchame!
¡Entiéndeme!

Eres noble
eres preciosa
eres turquesa

Has sido creada por los dioses
no los deshonres
no seas ordinaria

¡Pon atención!
Sé estrictamente para ti misma
no fuiste creada para vender
    verduras
    leña
    chili
    ollitas de sal
    ni *tequesquite*
en la calle de puerta en puerta

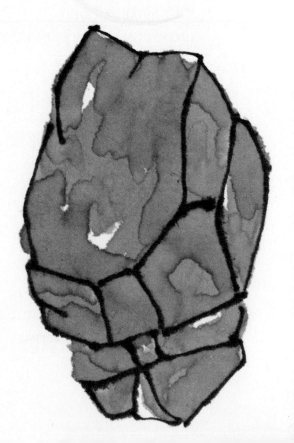

You are noble
you are turquoise
you are not ordinary

You are not common
You are not for all men

Choose well your life companion
so that you may be together always

Do not neglect him
Uphold him

Even though he may be a poor man
only a very small eagle
only a very small tiger

Tú eres noble
tú eres turquesa
no eres ordinaria

No seas vulgar
No seas de todos los hombres

Sólo sé de uno
Sólo a uno tu amor darás

Escoge bien a tu compañero
para que gocen
la vida juntos

No lo dejes
sosténlo

Aunque él sea pobre
aunque sea pequeña águila
aunque sea un pequeño tigre

With these words
my duty is done

May the gods give you
a long life
a happy life

My little woman
My little daughter
   my turquoise one.

Con estas palabras
he cumplido con mi deber

Que los dioses te den
una vida larga
una vida feliz

Mi mujercita
Mi hijita
eres turquesa

GLOSSARY

Ahuehuetl
A tree that grows near the rivers and is enormous.

Metlatl
A three-legged grindstone on which the women grind corn and chocolate.

Pochotl
A large tree. *Ceiba*.

Teponaztli
A musical instrument, a drum made of the trunk of a tree; it is played with sticks.

Tequesquite
Saltpeter — a little like salt, the color of ashes, much used in medicine and in country cooking.

Tollan
Tula, the sacred city of the Toltecs.

Tlillan Tlapallan
Perhaps this means the region of the planet Venus.

GLOSARIO

Ahuehuetl
Árbol que crece en las orillas de los ríos y adquiere enorme corpulencia.

Metlatl
Piedra sostenida en tres pies sobre la cual las mujeres muelen el maíz y el chocolate.

Pochotl
Gran árbol de ceiba.

Teponaztli
Instrumento musical, tambor construido con un tronco de árbol; se toca con palillos.

Tequesquite
Un poco como sal — color cenizo — , muy usado en la medicina y la comida popular.

Tollan
Tula, ciudad sagrada de los toltecas.

Tlillan Tlapallan
Quiere decir la región del planeta Venus.

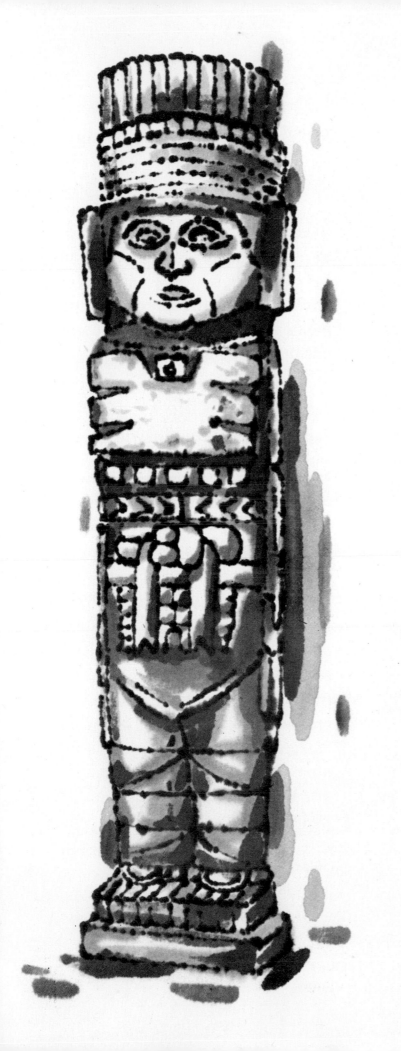

William Stark, artist and designer, is originally from New York. He now lives in San Miguel de Allende in the state of Guanajuato. He has exhibited in both the United States and Mexico. He is particularly interested in Mexico's pre-Columbian arts and was delighted therefore to illustrate these poems.

Toni de Gerez also lives in San Miguel de Allende. She is originally from Massachusetts and received her master's degree in literature at Boston University. She has lived all over Latin America and is at present a lecturer and writer on Latin American mythology and poetry. She has made extensive studies of Náhuatl language and literature and is happy to be able, in this book, to bring some of it to children.

William Stark, pintor y dibujante, es originario de Nueva York. En la actualidad, vive en San Miguel de Allende, estado de Guanajuato. Ha expuesto sus obras tanto en los Estados Unidos como en México. Tiene una particular afición por el arte precolombino mexicano, por lo cual se mostró encantado de ilustrar estos poemas.

Toni de Gerez es originaria de Massachusetts. Obtuvo su maestría en literatura en la Universidad de Boston. Cuenta con una amplia experiencia como bibliotecaria especializada en libros infantiles, adquirida en diversos países de América Latina. Vive actualmente en San Miguel de Allende, donde es conferenciante y escritora de mitología y poesía latinoamericana. Ha realizado extensos estudios del idioma y la literatura náhuatl, y se siente afortunada de poder brindar en este libro algo de ellos a todos los niños.